AF337498

25385

Ye

LAMENTATIONS

DE LA

SOCIÉTÉ JESUITIQUE.

AVERTISSEMENT.

LE morceau que nous donnons au Public , a été fait & imprimé en 1718 , c'eſt-à-dire , dans un temps , où , malgré l'humiliation qu'éprouvoient les Jéſuites , on étoit bien éloigné de prévoir l'événement qui vient de les anéantir Ce qui rend cet Ecrit le plus intéreſſant , c'eſt qu'on y voit à quel point ils ont été dès-lors avertis de la punition que devoient tôt ou tard attirer leurs crimes , & que c'eſt eux-mêmes qui par leur endurciſſement ont été les artiſans de leur infortune. Nous croyons devoir laiſſer l'*Avis au Lecteur* tel qu'il étoit dans l'édition de 1718. On n'y voit rien qui ne ſoit marqué au coin de la plus grande modération.

LAMENTATIONS

DE LA
SOCIÉTÉ JÉSUITIQUE,

IMITÉES
DU PROPHETE JEREMIE;

OU l'on pleure les malheurs préfens & futurs,
dont les Jéfuites fe font rendus dignes
par leurs excès.

Væ qui prædaris, nonne & ipfe prædaberis ? & qui fpernis,
nonne & ipfe fperneris ? Cùm confummaveris deprædationem, de-
prædaberis . cùm fatigatus defieris contemnere, contemneris.

Ifa. 33, 1.

Malheur à vous qui pillez les autres, ne ferez-vous
pas auffi pillé ? malheur à vous qui méprifez les autres, ne ferez-vous pas auffi méprifé? Lorfque vous auiez
achevé de dépouillei les autres, vous ferez dépouillé :
lorfque vous ferez las de méprifer les autres, vous tom-
berez dans le mépris.

Suivant l'Exemplaire imprimé
en 1718.

M. DCC. LXXIII.

AVIS AU LECTEUR.

IL y a déjà quelque temps qu'il parut dans le Public un petit Ecrit, sous le titre des *Lamentations de la Société Jésuitique*. C'est de cet Ecrit, qui n'étoit que les propres paroles du texte sacré, qu'on mettoit dans la bouche de quelques Jésuites désignés par les lettres initiales de leurs noms, qu'on a pris occasion de composer la piece suivante. Les vers y font ingénieusement tournés; & on ne sera pas surpris de l'application qu'on y fait du sort déjà passé des Juifs au sort futur des Jésuites, si l'on fait attention à la grande conformité qui se trouve entre les Juifs ré-belles à leur Dieu, & les bons Peres. Il y a plus d'un siecle & demi que le célebre Georges Broune, Archevêque de Dublin, quoique la Société ne commençât alors qu'à se former, disoit à ce sujet, qu'il viendroit un temps, où « les Jésuites seroient de pire » condition que les Juifs; qu'ils n'auroient » point de place fixe sur la terre; & que » pour lors un Juif auroit plus de faveur » qu'un Jésuite ». Mais on n'entreprend pas de pousser entiérement ce parallele. On se contente d'avertir qu'on ne fait ici qu'ap-pliquer au corps de la Société par maniere de prophétie, ce que le Prophete Jeremie

Annales d'Irlan-de, pag 162, edi. de 1703.

a écrit dans ses Lamentations, de la premiere dispersion des Juifs, de la destruction de leur ville, & de l'incendie de leur premier Temple. Comme tout ce qui arrivoit à cet ancien peuple de Dieu étoit une figure de ce qui devoit s'accomplir dans l'Eglise de J. C. ; certains faits déjà passés & la suite des temps pourront vérifier qu'on aura rencontré juste dans cette aplication. Ce n'est pas néanmoins qu'on souhaite aux personnes auxquelles on la fait, les malheurs qu'elle contient : à Dieu ne plaise que des Chrétiens aient des sentimens si contraires à la charité. On n'a en ceci d'autre dessein que celui qu'avoient les Prophetes quand ils annonçoient les maux futurs dont Dieu menaçoit leur propre nation : & comme ils ne cessoient de prier le Seigneur de détourner ces fléaux au moment qu'ils les annonçoient, on ne cesse aussi de faire des vœux afin que la Société prévienne & évite par une sincere conversion à Dieu, les malheurs dont les Lamentations la menacent, & dont elle s'est rendue digne par ses excès. Fasse le ciel qu'elles lui servent d'un avertissement salutaire; & qu'on ne puisse pas lui faire un jour le reproche que J. C. faisoit autrefois Math. 1, aux Juifs, en leur disant en parabole : *Nous* 7. *avons chanté des airs lugubres, & vous n'avez témoigné ni douleur ni tristesse.*

LAMENTATIONS

DE LA
SOCIÉTÉ JÉSUITIQUE,

IMITÉES

DU PROPHETE JEREMIE;

Ou l'on pleure les Malheurs présens & futurs dont les Jésuites se font rendus dignes par leurs excès.

ALEPH. Quomodo sedet sola civitas plena populo : facta est quasi vidua domina gentium : princeps provinciarum facta est sub tributo ⸲   LEÇON
I.

Q u e notre sort est déplorable !
Quelle horreur, quel désastre & quelle dureté !
On outrage, on flétrit notre Société,
    Cette Reine si redoutable,
    Qui dominoit sur l'Univers,
Elle est veuve, elle souffre un si cruel revers,
    Que désolée & solitaire,
    Elle est maintenant tributaire
De ceux qu'elle tenoit autrefois dans les fers.

BETH. Plorans ploravit in nocte, & lacrymæ ejus in maxillis ejus : non est qui consoletur eam ex omnibus caris ejus; omnes amici ejus spreverunt eam, & facti sunt ei inimici.

Dans l'effroyable nuit où son destin la plonge,
    Son visage est baigné de pleurs :
    Bien-loin de plaindre ses malheurs,
    On les regarde comme un songe.

A

Personne n'est touché de ses gémissemens :
On rit de ses abaissemens :
Et ce qu'à peine on devoit croire,
On voit ses plus anciens amis
Se faire un plaisir, une gloire,
Et même une vertu d'être ses ennemis.

GHIMEL. *Migravit Judas propter afflictionem & multitudi-*
nem servitutis : habitavit inter gentes, nec invenit requiem : om-
nes persecutores ejus apprehenderunt eam inter angustias.

En vain de tous côtés nous cherchons à nos peines
Quelque léger soulagement ;
Nous ressemblons aux Juifs dans notre aveuglement.
L'Egypte où nous fuyons, ne donne que des chaînes ;
Par-tout le désespoir nous suit ;
Point de repos ni jour ni nuit ;
Toujours nouveau sujet de trouble & de tristesse :
Et tout notre effort nous réduit
A mieux sentir notre foiblesse.

DALETH. *Viæ Sion lugent eò quòd non sint qui veniant*
ad solemnitatem : omnes portæ ejus destructæ, sacerdotes ejus
gementes, virgines ejus squalidæ, & ipsa oppressa amaritudine.

Quel horrible renversement !
Quel monstrueux accablement !
Depuis notre disgrace on méprise nos fêtes ;
De nos Temples déserts les chemins peu frayés,
Leurs toits mal affermis, aux passans effrayés
N'offrent que des objets qui menacent leurs têtes :
Nos Prêtres sont sans voix & sans autorité.
Par cent cruels maux éprouvés,
Notre Société de fiel est abreuvée,
Sans éclat, sans crédit, sans lustre & sans beauté.

HE. *Facti sunt hostes ejus in capite, inimici ejus locupletati*
sunt : quia Dominus locutus est super eam propter multitudinem
iniquitatum ejus : parvuli ejus ducti sunt in captivitatem ante
faciem tribulantis.

Jerusalem, Jerusalem, convertere ad Dominum Deum tuum.

Des maux qu'elle ressent le plus sanglant pour elle

Est que ses ennemis usurpent sa faveur ;
   Ses dépouilles font leur splendeur ;
   Ils la traitent comme infidelle.
Tes jugemens, grand Dieu, sont remplis d'équité ;
Tu n'as pour cette ingrate été que trop propice :
Il est temps que ton bras justement irrité,
   S'empresse à punir sa malice :
Mais l'on craint en voyant son indocilité ,
Que sans la corriger , ton bras ne la punisse.
   Société , Société ,
   Pleurez & faites pénitence :
   Mettez en Dieu votre espérance ;
   Il est toujours plein de bonté :
   Pleurez & faites pénitence.

VAU. Et egressus est à filia Sion omnis decor ejus : facti sunt LEÇON
principes ejus velut arietes non invenientes pascua, abierunt abs-   II.
que fortitudine ante faciem subsequentis.

LA fille de Sion a perdu sa beauté ;
   Sa splendeur est évanouie.
   O métamorphose inouie !
   Les grands de la Société
   Sont des moutons sans pâturage !
   Ses vieillards sont demi-mourans ,
   Transis de peur, foibles, errans ,
   Cruel état , triste esclavage !

ZAIN. Recordata est Jerusalem dierum afflictionis suæ, &
prævaricationis omnium desiderabilium suorum, quæ habuerat
à diebus antiquis, cùm caderet populus ejus in manu hostili, &
non esset auxiliator : viderunt eam hostes, & deriserunt sabata
ejus.
   GÉMISSANT sous le poids de son affliction,
     Elle n'a d'autre attention
     Qu'à repasser dans sa mémoire
Sa disgrace présente & son ancienne gloire ;
Mais, hélas ! ce qui met le comble à ses douleurs,
C'est de voir ses enfans traités en misérables ,
Et ses fiers ennemis toujours inexorables ,
   Joindre l'insulte à ses malheurs.

HETH. Peccatum peccavit Jerusalem, propterea instabilis facta est : omnes qui glorificabant eam, spreverunt illam, quia viderunt ignominiam ejus, ipsa autem gemens conversa est retrorsum.

DEPUIS qu'elle a commis le crime,
Comme une vagabonde elle fuit en tous lieux ;
A ses propres flatteurs son nom est odieux ;
De leurs ris elle est la victime.
En vain elle voudroit dans un sombre avenir
Entrevoir sa gloire passée ;
Elle en occupe sa pensée :
Mais son plus grand tourment est de s'en souvenir.

TETH. Sordes ejus in pedibus ejus, nec recordata est finis sui, deposita est vehementer, non habens consolatorem.
Vide, Domine, afflictionem meam, quoniam erectus est inimicus.
Jerusalem, Jerusalem, convertere, &c.

SON orgueil l'avoit aveuglée,
Jusqu'au dernier instant de sa félicité ;
Tant qu'elle étoit heureuse en son iniquité ;
Elle ne croyoit pas pouvoir être accablée :
Mais enfin la voilà dans un torrent de pleurs ;
Ses cruels ennemis ont excité l'orage.
Ayez pitié de ses malheurs,
Seigneur, & sauvez votre ouvrage.
Société, Société,
Pleurez & faites pénitence,
Mettez en Dieu votre espérance ;
Il est toujours plein de bonté :
Pleurez & faites pénitence.

LECON III. IOD. Manum suam misit hostis ad omnia desiderabilia ejus : quia vidit gentes ingressas sanctuarium suum, de quibus præceperas ne intrarent in Ecclesiam tuam.

C'EN est fait, l'ennemi jusques dessous nos yeux
A fait des conquêtes rapides ;
On l'a vu sur nos biens porter des mains avides.
Mais ce qui nous paroît beaucoup plus odieux,

Nous l'avons vu ce téméraire ;
Ne croyant plus chez nous trouver de sanctuaire ,
Rire de nos Autels , de nous & de nos Dieux.

CAPH. Omnis populus ejus gemens & quærens panem , dederunt pretiosa quæque pro cibo ad refocillandam animam, Vide, Domine, & considera quoniam facta sum vilis.

FRAPPÉS de toutes ces allarmes,
Nous gémissons secrétement ,
N'ayant dans notre abaissement ,
D'autre ressource que nos larmes.
Nous cédons volontiers tout ce que nous avons ;
Pour soulager un peu la faim qui nous dévore,
Pour toi , Seigneur , regarde encore
Dans quel opprobre nous vivons.

LAMED. O vos omnes qui transitis per viam , attendite & videte si est dolor sicut dolor meus : quoniam vindemiavit me, ut locutus est Dominus in die furoris sui.

JUGEZ , vous qui courez le monde ,
Si quelque nation eût un plus triste sort ,
S'il en fût en douleur jamais de plus féconde ;
La nôtre est semblable a la mort.
Mais ne nous plaignons pas d'en être les victimes ;
Nos infidélités ont creusé les abymes
Dont Dieu dans sa juste fureur
Avoit menacé le pécheur :
Ainsi ces cruels fléaux étoient dûs à nos crimes.

MEM. De excelso misit ignem in ossibus meis & erudivit me : expandit rete pedibus meis , convertit me retrorsum : posuit me desolatam , totâ die mœrore confectam.

LE feu de sa colere en pénétrant nos os,
Eût instruit un esprit docile :
Mais remplis de fiel & de bile ,
Nous n'en avons, hélas ! commis que plus de maux;
Quel affreux désespoir, quelle douleur amere !
Embarrassés dans des filets,
Qui font obstacle à nos projets ,
Nous ne voyons plus rien qui ne nous désespere.

NOUN. Vigilavit jugum iniquitatum mearum, in manu ejus convolutæ sunt, & impositæ collo meo : infirmata est virtus mea : dedit mihi Dominus in manu de qua non potero surgere. Jerusalem, Jerusalem, convertere, &c.

DANS sa main irritée, il a comme entassé
    Nos offenses, nos injustices;
    Il fait ses plus cheres délices
    Du joug qui nous a terrassé.
    Que manquoit-il à sa vengeance ?
Sous la main de nos ennemis
Honteusement il nous a mis,
Sans espérer de délivrance.
Société, Société,
Pleurez & faites pénitence;
Mettez en Dieu votre espérance;
Il est toujours plein de bonté :
Pleurez & faites pénitence.

LEÇON IV.   HETH. Cogitavit Dominus dissipare murum filiæ Sion : tetendit funiculum suum, & non avertit manum suam à perditione : luxitque ante murale, & murus pariter dissipatus est.

OUI, Dieu l'a résolu, notre Société,
    Que jamais rien n'a pu réduire,
Est au comble aujourd'hui de son impiété,
    Et tout est prêt pour la détruire.
Déjà tenant en main le funeste cordeau,
Dieu menace nos murs, s'approche & les mesure :
    Il en va briser la structure,
Et sous leurs fondemens nous creuser un tombeau.

TETH. Defixæ sunt in terra portæ ejus : perdidit & contrivit vectes ejus : regem ejus & principes ejus in gentibus : non est lex, Prophetæ ejus non invenerunt visionem à Domino.

DÉJA nos portes sont par terre,
Leurs frontons abattus & leurs gonds arrachés;
    C'est la grandeur de nos péchés
    Qui nous attire cette guerre.
Notre chef est banni, nos satrapes captifs,
    Nos gouverneurs de conscience

Réduits, condamnés au silence ;
Nos Prophetes sur-tout muets & fugitifs.

IOD. *Sederunt in terra, conticuerunt senes filiæ Sion : confperserunt cinere capita sua, accincti sunt ciliciis, abjecerunt in terram capita virgines Jerusalem.*

Nos vieillards qu'on alloit entendre,
A terre couchés tristement,
Sans parole, sans mouvement,
Ont couvert leur tête de cendre :
Sur leurs habits & dans leurs yeux
On peut lire aisément le désespoir affreux
Qui nous dévore & nous déchire.
Le sexe qui nous suit, en gémit, en soupire ;
Mais nous ne sçavons pas si ce gémissement
Vient d'un propre intérêt, ou d'un foible penchant.

CAPH. *Defecerunt præ lacrymis oculi mei, conturbata sunt viscera mea : effusum est in terra jecur meum super contritione filiæ populi mei, cùm deficeret parvulus, & lactens in plateis oppidi.*
Jerusalem, Jerusalem, convertere ad Dominum Deum tuum.

Nos yeux ont épuisé leurs larmes ;
A force de pleurer ils se sont obscurcis :
Mais sans cesser d'être endurcis,
Nos cœurs éprouvent ces allarmes.
Toujours pleins d'un bonheur passé
Et du brillant emploi dont on nous a chassé,
De nos larmes de sang rien ne tarit la source :
Comme un enfant qui naît & qui meurt en naissant,
Nos vains efforts avortent à l'instant :
Tout s'évanouit sans ressource.
Société, Société,
Pleurez & faites pénitence,
Mettez en Dieu votre espérance ;
Il est toujours plein de bonté :
Pleurez & faites pénitence.

<table><tr><td>Leçon
V.</td><td>LAMED. Matribus suis dixerunt : ubi est triticum & vinum? cùm deficerent quasi vulnerati in plateis civitatis . cum exhala- rent animas suas in sinu matrum suarum.</td></tr></table>

Les plus puissans d'entre nos freres
Demandent à leurs protecteurs
Du pain pour soulager leur faim & leurs miseres ;
Mais, comme tout est sourd à leurs cris, à leurs pleurs ;
Ils vont tomber en défaillance ;
Et semblables à ces blessés
Qu'en un champ de bataille un vainqueur a laissés ;
Ils attendent la mort, sans aucune espérance,
Et de la propre main qui leur donna naissance.

MEM. Cui comparabo te ? vel cui assimilabo te, filia Jerusa- lem ? cui exæquabo te, & consolabor te, virgo filia Sion ? Ma- gna est enim velut mare contritio tua : quis medebitur tui ?

Malheureuse Société,
Quelle douleur peut être à ta douleur égale ?
En a-t-on vu de plus fatale ?
Et dans cet Obélisque à ta honte planté,
Pour apprendre aux mortels ta doctrine infernale ;
Trouvois-tu plus de dureté ?
Non, il n'est point de mal que ton tourment n'excede ;
L'absinthe, le fiel & la mer
N'ont rien qui ne soit moins amer :
Où recourir, hélas ! pour trouver le remede ?

NOUN. Prophetæ tui viderunt tibi falsa & stulta, nec ape- riebant iniquitatem tuam ut te ad pœnitentiam provocarent ; viderunt autem tibi assumptiones falsas & ejectiones.

Les ridicules visions
De tes politiques Ministres,
Sans craindre ni prévoir ces accidens sinistres ;
N'avoient fait que remplir ton cœur d'illusions.
Sans cesse ils te berçoient de la folle espérance
D'abattre, d'écraser tes nombreux ennemis,
Et de voir sous tes pieds tout le monde soumis ;
Loin d'employer leur éloquence
A t'inspirer la pénitence.

SAMECH. Plauserunt super te manibus omnes transeuntes
per viam . sibilaverunt & moverunt caput suum super filiam
Jerusalem : hæccine est urbs dicentes , perfecti decoris , gaudium
universæ terræ ?
Jerusalem , Jerusalem , convertere ad Dominum , &c.

AINSI trop attentive à leurs difcours trompeurs ,
    Tous les paffans t'ont méprifee :
Te voilà devenue un fujet de rifée ,
Même à ceux qui t'offroient leur encens & leurs cœurs.
On fiffle , on bat des mains , & fecouant la tête ,
On dit d'un air moqueur , plein de malignité :
Eft-ce là ce grand Corps , cette Société ,
Qui formoit à fon gré le calme & la tempête ?
    Société , Société ,
    Pleurez & faites pénitence ,
    Mettez en Dieu votre efpérance ;
    Il eft toujours plein de bonté :
    Pleurez & faites pénitence.

ALEPH. Ego vir videns paupertatem meam in virga indi- LEÇON
gnationis ejus. ALEPH. Me minavit , & adduxit in tenebras VI.
& non in lucem. ALEPH. Tantum in me vertit , & convertit
manum fuam totâ die.

    PENDANT qu'on cache au criminel
    Les inftrumens de fon fupplice ,
    Tous ceux de notre facrifice
Sont avec appareil étalés fur l'Autel.
Mais nous devions fçavoir cette ancienne menace ,
Que livrés aux tranfports d'un efprit ténébreux ,
Nous tomberions un jour dans un état affreux ,
    Sans efpoir de rentrer en grace.

BETH. Vetuftam fecit pellem meam & carnem meam ,
contrivit offa mea. BETH. Ædificavit in gyro meo & circum-
dedit me felle & labore. BETH. In tenebrofis collocavit me ,
quafi mortuos fempiternos.

    ENDURCIS par les châtimens ,
    Dont Dieu toujours trop débonnaire ,
    Puniffoit nos égaremens ,
Nous n'avions fait hélas ! qu'irriter fa colere ,
    Que l'enflammer par nos mépris.

'Ainſi ne ſoyons pas ſurpris
Si notre ame eſt abandonnée
Aux chagrins les plus dévorans ;
Et ſi les yeux creuſés & la peau baſanée,
Nous paroiſſons à tous des ſquélettes vivans.

GHIMEL. Circumædificavit adverſùm me, ut non egrediar ;
aggravavit compedem meum. GHIMEL. Sed & cum clamavero
& rogavero, excluſit orationem meam. GHIMEL. Concluſit
vias meas lapidibus quadris, ſemitas meas ſubvertit.
Jeruſalem, Jeruſalem, convertere, &c.

QUELLE triſte & cruelle vie !
De tous côtés hélas ! nous ſommes inveſtis ;
Il n'eſt plus pour nous de ſortie ;
Ceux qui veillent ſur nous, de tout ſont avertis ;
Et tout eſt fermé de maniere,
Que pour nous conſoler, nous voir, nous ſecourir ;
Il faut trop de riſque courir ;
Dieu même ne veut point écouter de priere.
Société, Société,
Pleurez & faites pénitence,
Mettez en Dieu votre eſpérance ;
Il eſt toujours plein de bonté :
Pleurez & faites pénitence.

LEÇON
VII.
HETH. Miſericordiæ Domini, quia non ſumus conſumpti ;
quia non defecerunt miſerationes ejus. HETH. Novi diluculo
multa eſt fides tua.

Si nous vivons encor, c'eſt la ſeule bonté
Du Seigneur qui ſoutient notre extrême foibleſſe.
Elle peut adoucir, calmer notre triſteſſe ;
Elle peut rappeller notre félicité.
Dans cette triſte confiance
'A lui ſeul nous devons avoir notre recours ;
Implorons ſon puiſſant ſecours ;
Il ne trompa jamais une ferme eſpérance.

TETH. Pars mea Dominus dixit anima mea, propterea ex-
pectabo eum. TETH. Bonus eſt Dôminus ſperantibus in eum ;
animæ quærenti illum. TETH. Bonum eſt præſtolari cum ſilen-
tio ſalutare Dei.

QU'UN chacun d'entre nous diſe au fond de ſon cœur,

Le Seigneur sera mon partage ;
Mon bien, mon unique héritage ;
Ma consolation, mon souverain bonheur,
Attendons de ce Dieu dans un humble silence ;
Qu'il daigne dégager de toutes leurs erreurs,
Nos esprits égarés, purifier nos cœurs,
Et nous faire éprouver sa divine clémence.

TETH. Bonum est viro cùm portaverit jugum ab adolescentia sua.

Jusqu'a ce jour flattés, applaudis, estimés,
Nous vivions tous dans l'ignorance
De ce qu'on appelle souffrance :
Nous comptions hardiment d'être toujours aimés.
Mais le Dieu de Sion est juste en sa vengeance ;
Il a puni notre arrogance :
Son bras s'est fait sentir par des traits enflâmés.
Souffrons donc avec patience ;
Portons ce rude joug, comme si dès l'enfance,
Nos cœurs à le porter étoient accoutumés.

IOD. Sedebit solitarius & tacebit, quia levavit super se. IOD. Ponet in pulvere os suum, si fortè sit spes. IOD. Dabit percutienti se maxillam, saturabitur opprobriis.
Jerusalem, Jerusalem, convertere ad Dominum, &c.

En nous humiliant nous n'avons rien à craindre ;
On aura beau nous insulter,
Nous frapper, nous inquiéter,
Nous tâcherons toujours de souffrir sans nous plaindre.
Mais, s'il faut que le cœur soit le plus abattu ;
Qu'un humble sentiment fasse notre vertu,
Nous l'avouons, sujets à feindre,
C'est cruellement nous contraindre.
Société, Société,
Pleurez & faites pénitence ;
Mettez en Dieu votre espérance ;
Il est toujours plein de bonté :
Pleurez & faites pénitence.

LEÇON VIII. **ALEPH.** Quomodo obscuratum est aurum, mutatus est color optimus, disperfi funt lapides sanctuarii in capite omnium platearum?

COMMENT ces superbes palais,
  Ces magnifiques édifices
Ont-ils été rasés? hélas! sont-ils complices
  De nos sacrileges forfaits?
Les voilà dépouillés de toutes leurs parures;
  Ils ne présentent à nos yeux
  Que des débris, que des masures:
Sans doute on les a pris pour de profanes lieux;
  Ou pour des Temples de faux Dieux.

BETH. Filii Sion incliti & amicti auro primo: quomodo reputati funt in vafa teftea, opus manuum figuli?

  Qui l'auroit jamais cru, que notre Compagnie
Seroit sujette un jour à tant d'ignominie;
Et que ses fiers enfans en tout lieu si vantés
  Se verroient ainsi rebutés?
Ils fouloient l'or aux pieds d'une façon altiere;
Ils étoient insultans; mais enfin méprisés,
Comme des pots impurs qu'un potier à brisés,
  Les voilà réduits en pouffiere.

GHIMEL. Sed & lamiæ nudaverunt mammam, lactaverunt catulos suos: filia populi mei crudelis, quasi struthio in deferto.

  Quoi donc! les monstres, les dragons,
    Et les bêtes les plus cruelles,
    Pour leur présenter leurs mammelles?
    Cherchent leurs petits nourriffons:
Et toi, Société, mere dénaturée,
    Comme l'autruche sans raison,
Tu laisse tristement les tiens à l'abandon;
Ne mérites-tu pas d'en être déchirée?

DALETH. Adhæsit lingua lactentis ad palatum ejus in siti, parvuli petierunt panem, & non erat qui frangeret eis.

    Oui, ceux qui pendent à ton sein,
    Marâtre dure & misérable,

Sont dans un état lamentable ?
Par la soif comme par la faim ,
A leur foible palais leur langue est attachée ;
Et lorsque les plus grands te demandent du pain ,
Pour leur en rompre , hélas ! ta main est desséchée.

HE. Qui vescebantur voluptuosè , interierunt in viis : qui nu-
triebantur in croceis , amplexati sunt stercora.

Ces gloutons , ces voluptueux ,
Qui recherchoient la bonne chere ,
N'ont pas de quoi se satisfaire :
Ils sont prêts d'expirer comme des malheureux.
Dans la plus dégoûtante & la plus sale ordure
Ils trouvent leurs meilleurs morceaux ,
Et comme à de vils animaux ,
Elle leur sert de nourriture.

VAU. Et maior effecta est iniquitas filiæ populi mei peccato
Sodomorum quæ subversa est in momento , & non ceperunt in
ea manus.
Jerusalem , Jerusalem , convertere ad Dominum Deum tuum.

Il semble que l'iniquité
Et de Sodome & de Gomorrhe ,
Dont avec tant d'horreur on se souvient encore ,
Le cede à notre impiété.
Dieu leur fit éprouver le poids de sa justice ;
Mais la punition ne dura qu'un moment :
Et nous , hélas ! à chaque instant
Nous souffrons le même supplice ,
Sans oser espérer que jamais il finisse.
Société , Société ,
Pleurez & faites pénitence ,
Mettez en Dieu votre espérance ;
Il est toujours plein de bonté :
Pleurez & faites pénitence.

PRIERE.

LEÇON IX. Recordare, Domine, quid acciderit nobis · intuere & respice opprobrium nostrum.

V OYEZ, Seigneur, voyez avec quelle fureur
    Chacun d'opprobres nous accable ;
    Et daignez contre un tel malheur
Nous prêter le secours d'une main favorable.

Hæreditas nostra versa est ad alienos ; domus nostræ ad extraneos.

S UR nos biens les plus clairs, jusques dans nos maisons,
    L'ennemi portant le ravage,
    Ose donner pour ses raisons,
Qu'il ne fait que rentrer dans son propre héritage.

Pupilli facti sumus absque patre, matres nostræ quasi viduæ.

C OMMENT lui résister ? nous sommes sans appui ;
    Nous avons perdu notre pere :
    Et nous voyons que notre mere
Est prête à succomber sous le poids de l'ennui.

Aquam nostram pecuniâ bibimus : ligna nostra pretio comparavimus.

A H ! que nous payons cher cette eau délicieuse
Du torrent séducteur de la prospérité,
Dans lequel s'enivroit notre Société,
    . Jusqu'à présent impérieuse !

Cervicibus nostris minabamur, lassis non dabatur requies.

A LORS nous ne faisions qu'effrayer l'innocent ;
Et lui-même aujourd'hui nous surcharge de chaînes ;
Nous ne voyons par-tout qu'un destin menaçant :
Où pouvoir donc trouver du repos à nos peines ?

Ægypto dedimus manum & Assyriis, ut saturaremur pane.

C OMME le Juif stupide au fier Assyrien,
Irons-nous exposer notre triste misere ?

Irons-nous demander au dur Egyptien
 La servitude pour salaire ?

Patres nostri peccaverunt, & non sunt : & nos iniquitates eorum portavimus.

Vos Peres, diroient-ils, les plus acrédités,
 Ont entassé crimes sur crimes :
Ils ne sont plus ; & vous de leurs iniquités
 Soyez maintenant les victimes.

Servi dominati sunt nostri : non fuit qui redimeret de manu eorum.

 Telle est la rude extrêmité
Où nous sommes réduits par nos propres esclaves :
Et bien-loin que l'on songe à briser nos entraves,
Chacun rit de nous voir dans la captivité .

In animabus nostris afferebamus panem nobis, à facie gladii in deserto.

Pour parer, il est vrai, le coup qui nous foudroie,
 Nous fuyons jusques au désert ;
 Mais qu'est-ce que cela nous sert ?
Le Dieu qui nous poursuit, y trouvera sa proie.

Pellis nostra quasi clibanus, exusta est à facie tempestatum amis.

Comme un four que la flâme a rendu sec & noir,
Notre teint est obscur & notre peau livide :
Mais ce n'est rien au prix de notre cœur perfide,
Dont les replis secrets feroient horreur à voir.
Ah ! quel redoublement de dépit & de rage.

Mulieres in Sion humiliaverunt, & virgines in civitatibus Juda.

 Quel surcroit de confusion !
 L'on déshonore, l'on outrage
 Nos cheres filles de Sion ;
 Ces plus doux fruits de nos conquêtes,
 Ces Amazones toujours prêtes
A faire notre éloge, a défendre nos droits.

Les voit-on humblement fe foumettre à nos loix?
On dit que nous flattons leur fafte & leur moleffe.
Les voit-on de leurs biens enfler nos revenus ?
       On dit qu'à l'intérêt vendus,
       Nous abufons de leur foibleffe.

Les voit-on fans raifon, fans efprit, fans bon fens;
Contre nos ennemis crier, parler, écrire?
       On dit qu'en brouillons infolens,
       Nous leur infpirons ce délire.
       On nous reproche à haute voix,
Qu'aux veftales fur-tout qui vivent fous nos loix;
       Sans égard à leur confçience,
       Nous donnons entiere licence;
Jufte prix de leur zele à s'immoler pour nous;
       Pour nos temples, pour nos écoles;
       Ce qui fait dire à nos jaloux,
       Qu'elles nous écoutent en folles,
       Comme nous leur parlons en fous.
Que de maux! que de honte! ah! Seigneur, eh! de grace
Selon tous ces forfaits ne nous châtiez pas,
       Ou du moins à nos attentats
       N'égalez pas notre difgrace !

Jerufalem, Jerufalem, convertere ad Dominum Deum tuum.

       Société, Société,
       Pleurez & faites pénitence,
       Mettez en Dieu votre efpérance ;
       Il eft toujours plein de bonté :
       Pleurez & faites pénitence.

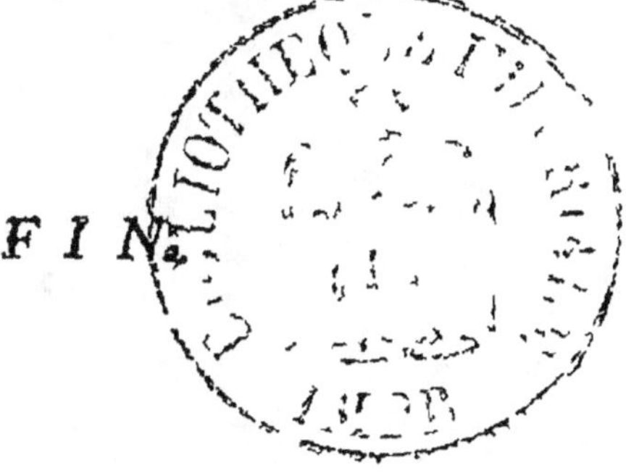

F I N.

www.ingramcontent.com/pod-product-compliance
Lightning Source LLC
Chambersburg PA
CBHW061817060726

47597CB00008B/3245